TEMPEST OF STARS

JEAN COCTEAU

TEMPEST OF STARS
Selected Poems

Translated by
Jeremy Reed

with drawings
by
David Austen

London
ENITHARMON PRESS
1992

First published in 1992
by the Enitharmon Press
36 St George's Avenue
London N7 0HD

Distributed in the UK and Ireland
by Password (Books) Ltd
23 New Mount Street
Manchester M4 4DE

Distributed in the USA
by Dufour Editions Inc.
PO Box 449, Chester Springs
PA 19425

Jean Cocteau poems © Edouard Dermit
English translations © Jeremy Reed 1992
Drawings © David Austen 1992

ISBN 1 870612 12 4

The text of *Tempest of Stars* is set in Garamond (156) by
Gloucester Typesetting Services, Stonehouse, Gloucestershire,
and is printed by
Expression Printers Ltd, London N7

ACKNOWLEDGEMENTS

The translator and publisher wish to express their warm
gratitude to M. Edouard Dermit for permission to reproduce
Jean Cocteau's poems in this edition. They also wish to record
their thanks to David Austen, Leon Livingstone and Gareth Winters.

Tempest of Stars is also published in a large format de luxe limited
edition of 85 copies (ISBN 1 870612 17 5), the text pages of each copy
typeset and printed by Gloucester Typesetting Services, and laid into
a box made by the Fine Bindery, Wellingborough, Northamptonshire.
Each box also contains 26 colour images and a signed limited etching
by David Austen.

Translator's Note

My intentions throughout, although less extreme than in
the work I publish as imitations or re-creations, have been in
the interests of poetry at the expense of literal translation. The
latter often seems to me to represent a genre intent on revers-
ing words into inaccessible parking spaces. The poems which
follow take liberties, but unlike my Montale versions are not
inventions. I have wherever possible retained Cocteau's lan-
guage, and compromised only where the original seemed
opaque or too intractable to sit comfortably in English.

My choice of poems is idiosyncratic. Poetry, which was
once indicative of trends in social revolution, reached an ex-
perimental peak with the publication in 1918 of Apollinaire's
Calligrammes, with the invasion of Paris in 1920 by the Dada
movement, and with the appearance in the same year of
Breton and Soupault's automatic text *Les Champs magnétiques*.
While Cocteau belongs to neither the Dadaist nor Surrealist
modes of poetic expression, his more innovative work was
written in the period between 1916 and 1923, and it is pre-
dominantly to the splinter language, sense dissociations and
syntactical disjunctions that characterise his early poetry, that
I have drawn attention.

Jeremy Reed

Contents

AMOUR

Un coup de couteau vaut bien une rose.
Laisse-moi te tuer lentement,
Expertement; votre amant
En morte vous métamorphose,
Vous change en bête, en encrier,
Jusqu'à vous l'entendre crier.

LOVE

The twist of a knife is well worth a rose.
Let me kill you slowly,
expertly; your lover
changes you into a dead woman,
metamorphoses you into a beast, an inkpot,
until you shout it.

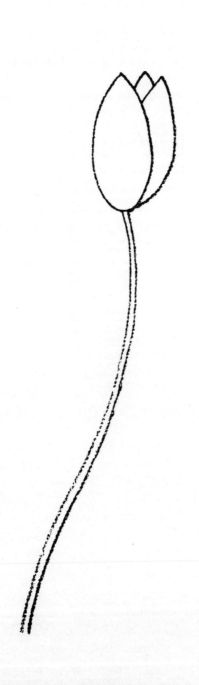

MYSTÈRE DE L'OISELEUR

J'habite les 'Thermes Urbains'
On m'y donne douches et bains
Pour ôter de moi l'opium
Que ne peut prendre un honnête homme.

Or sans opium je voltige
Et n'ai plus les pieds sur terre:
Du pavot j'ai coupé la tige.
La clarté voilà mon mystère.

THE BIRD-CATCHER'S MYSTERY

I stay at the 'Thermes Urbains',
they give me showers, jacuzzi,
to help kick my opium need
that no self-respecting person can take.

Without the drug I'm dissociated
and my feet aren't on the ground.
I have cut the poppy's stem.
Clarity is the mystery that I've found.

LE POÈTE DE TRENTE ANS

Me voici maintenant au milieu de mon âge,
Je me tiens à cheval sur ma belle maison;
Des deux côtés je vois le même paysage,
Mais il n'est pas vêtu de la même saison.

Ici la terre rouge est de vigne encornée
Comme un jeune chevreuil. Le linge suspendu,
De rires, de signaux, accueille la journée;
Là se montre l'hiver et l'honneur qui m'est dû.

Je veux bien, tu me dis encore que tu m'aimes,
Vénus. Si je n'avais pourtant parlé de toi,
Si ma maison n'était faite avec mes poèmes,
Je sentirais le vide et tomberais du toit.

THE POET AT THIRTY

Here I am in the middle of my life,
I am sitting astride my beautiful house;
on both sides the landscape repeats itself,
but fails to duplicate the same season.

Here, the red earth is antlered with vines
like a young roe-deer. The hung linen
breezily signals, welcomes the day.
There, appears winter, and the honour due me.

I'm prepared to believe you still love me,
Venus. But if I hadn't written about you,
if my house wasn't built of my poems,
I would feel the void and fall from the roof.

BALLADE DE L'ENFANT DU NORD

(Route de l'Éolienne)

Comme l'éclair, le tir des pièces
de marine: un grand liseron
pâle   aux vitres,
ma chambre bouge.

Pour une fois que je couche
dans un lit en pleine mer,
c'est l'orage!

Les étalons de l'horizon
tapent du pied dans les parois
de l'écurie.

Du reste les parois   s'écroulent
de gauche à droite.

Dans les veilleuses du télégraphe,
toute la nuit brûle un chant triste.
Braise de son. Le vent l'attise.
Sur la route de l'éolienne.

Sur la route de l'éolienne,
sous une tempête d'étoiles,
une équipe d'Irlandais
répare le télégraphe.

Autour d'un camion (troupe
de nains vêtus de peaux de bêtes)
les petits fous du roi Lear
accordent le vent du nord,
les cordes cassées de sa harpe.

BALLAD OF A
NORTHERN CHILD

(Route de l'Éolienne)

Like a flash of lightning, a gun
detonates the sea: a large white
convolvulus outside the window
of my pitching room.

The one time that I sleep
in a bed in the middle of the sea
it thunders.

The stallions of the horizon
drum with their feet against the walls
of their stalls.

And then these walls collapse
from left to right.

All night in the flicker
of telegraph wires, a sad song burns.
Embers of sound fanned by the wind
on the road to the wind-tower.

On the road to the wind-tower,
under a tempest of stars,
an Irish crew
repair the wires.

Around a truck, a troop
of midgets dressed in animal skins,
the little fools of King Lear,
tune up the broken strings
of the north wind's harp.

Sur la route de l'éolienne
les petits fous du roi Lear,
puisque c'est lyre qu'il faut lire,
arrangent l'instrument d'Eole.

Si on attache mal son casque,
il s'envole comme un pétase,
à tire-d'ailes.

On a plein la bouche, les yeux,
un grésil de sable et d'étoiles.
Passent des saintes familles:
Un âne, un nègre en robe bleue
qui berce un paquet de toile.

Au bout de la route en folie,
le matin on voit la mer
et un mur. On lit sur ce mur:

BRASSERIE DE L'ENFANT DU NORD

Après c'est le chemin des dunes.

Si d'Icare le plongeon
couvre les vagues de plumes,
ta bière joyeuse écume
Touroutt, ville des pigeons.

L'enfant du Nord apprend à lire.
Il dansa trois jours; il est mort.
C'est une forme du délire.
Le roi des aulnes les endort
sur la plage d'Antibes.

On the road to the wind-tower
the little fools of King Lear
having learnt to read a lyre.
repair the aeolian instrument.

If one doesn't secure one's crash-helmet
it flies like a petasus
in a flurry of wings.

The mouth and eyes are full of
a hail of sand and stars.
Holy families pass.
A donkey, a negro in a blue robe
who cradles a cloth-shape.

Deliriously, at the end of the road
in the mornings one views the sea
and a wall on which is written:

BRASSERIE DE L'ENFANT DU NORD

And then the road to the dunes.

If Icarus's plummet
covers the wave with feathers,
your exalted beer foams over
Tourrot, town of pigeons.

The Northern child learns to read.
He dances for three days, blacks out in sleep.
It is a form of delirium.
The erl-king puts the crowd to sleep
on a beach in Antibes.

Ah, mon Dieu! quel est, qui titube,
ce cortège   dans la coulisse
au théâtres des féeries?

L'enfant du Nord meurt de peur.

Ce n'est qu'une troupe de nègres,
victimes de métamorphoses,
avec le groin contre les gaz
sur la figure. Il les protège,
mais les empêche de voir.

Ces   masques sont   plus indécents
que ceux de la Côte d'Ivoire.
Ils ont l'air d'objets de toilette.
Ils sont mous, humides, roses,
garnis de tulle, de rubans.

Au chant des veilleuses tristes
qui fleurissent en série
à la tige du poteau
comme un muguet de faïence,
vous sentez la défaillance
vous saisir un peu trop tôt,
sur les plages merveilleuses,
enfant de la brasserie.

Ce désastre éolien,
de votre danse étonnée
brise le dernier lien;
et   son souffle vous marie
à la Méditerranée.

Ah, my God! – what is this cortège
which staggers behind the scenes
of a fairy theatre?

The Northern child is dying of fright.

It's only a negro troop,
victims of metamorphoses,
with snouty gas-masks
on their faces. They shield them,
but inhibit sight.

These masks are more obscene
than those of the Ivory coast.
They look like shower-caps,
limp, humid and pink,
decorated with tulle and ribbons.

To the sad flicker of wires
which flourish in series
in the stem of a pole
like a china lily of the valley,
you feel yourself blacking out
prematurely, overtaken
on the marvellous beaches,
child of the brasserie.

The wind-disaster
of your stunned dance
breaks the last bond;
and its breath marries you
to the Mediterranean.

Alors je m'endors dans le poste
où les tirailleurs jouent aux cartes.
La bouillotte chante en arabe.
Enfant du Nord les mers mortes
dans sa fontaine de marbre
jalousent votre bière d'or.

Then I fall asleep in the station
where the soldiers play cards.
The hot-water bottle sings in Arabic.
Child of the North, the dead seas
in their marble fountain
are jealous of your golden beer.

JEU ROYAL

Hôtel peu cher devant la Méditerranée,
De tous les matelots morgue où Vénus est née,
Char fleuri sous l'orage, et rage de Didon
Qui meurt debout sur un lustre de tragédie,
Forçat, zèbre craintif caché sous l'édredon,
Votre troupe en chemise excite l'incendie.

ROYAL GAME

Cheap hotel facing the Mediterranean
of all the dead sailors where Venus was born,
flower-heaped float under the storm and Dido's rage,
who dies tragically, footlighted on stage,
convict, timid zebra hidden under the eiderdown,
your half-dressed troop kicks life into the fire.

TESTAMENT

Je ne fus que maladresse
Ils me crurent très adroit.
Gauche est ma seule maîtresse
On me veut du côté droit.

Ma vie est toute ainsi faite
Quel mal au cœur de départ!
Je vois l'une et l'autre fête
Jamais ne vais nulle part.

Vienne la mort qui nous range
Et nous replace où il faut;
J'ai peur de choquer mon ange,
Mon art est en porte à faux.

TESTAMENT

I was only awkwardness,
they thought I did it all by sleight.
My left side predominates,
they insist I use the right.

My life is made like this –
the thought of leaving it brings despair.
I see various festivities,
I never go anywhere.

Come death who brings stability,
restores us to our proper place.
I'm afraid to shock my angel,
my off-key art is written in my face.

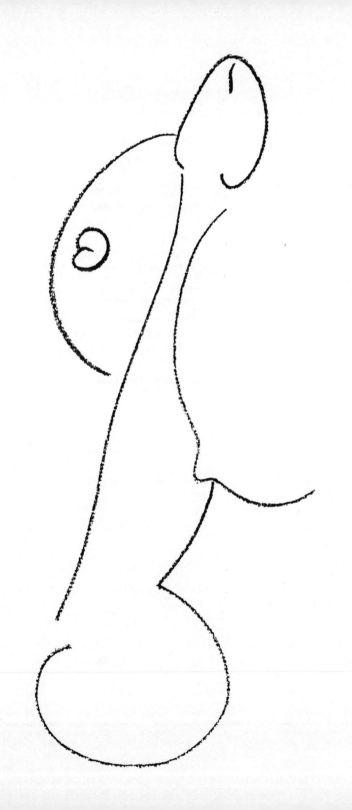

TA FORCE BRUTE
S'ACCUMULE...

Ta force brute s'accumule
Poésie, orage inhumain.
Je te propose un véhicule,
Si tu veux fleurir par ma main.
J'apprivoise l'orage antique,
Je voudrais l'apprivoiser mieux,
Ainsi que l'ampoule électrique
Fait à l'homme obéir les Dieux.
Je regarde la vieille terre:
Elle halète. C'est l'été.
Vois son pelage de panthère
D'ombre, de soleil moucheté.
On ne trouve ailleurs que sur elle
Le moyen de faire un aimant
Pour attirer l'onde cruelle
Qui me brûle profondément.

YOUR BRUTAL FORCE
ACCUMULATES

Your brutal force accumulates
poetry, inhuman thunderstorm.
I offer you a vehicle
if you want to flower through my hand.
I tame ancient thunder.
I would like to increase that hold
in the same way as the electric bulb
makes man obey the gods.
I stare at the old earth
which pants. It's summer.
Look at the panther's skin,
part shadow, part sun-speckled.
Only on earth does one find
the means to make a magnet
to attract the harsh waters
which burn me deeply.

POSTHUME

Et voici que le Temps aux fourbes perspectives
Me ramène à ces lieux où j'écrivais **Plain-Chant**
Je retrouve la mers alors que sur ses rives
    Je rêvais en marchant

Je rêvais à l'amour, au sommeil, à la gloire
À ce que la jeunesse imagine de fou
Et tandis que ce feu reflambe en ma mémoire
    Je vais je ne sais où

Je vais je ne sais où car la mort patiente
Embaumeuse qui fait les visages si beaux
Me regarde glisser sur la rapide pente
    Qui meuble ses tombeaux

POSTHUMOUS

How is it that time's deceptive perspectives
take me back to the places where I wrote
Plain-Chant? I find the same sea on these shores
          where I seemed to float

dreaming of love, sleep, illustrious things,
whatever youth imagines crazily,
and while this fire activates dormant cells
          I drift with memory,

I go I don't know where to find my death,
embalmer who gives back what beauty gave
and sees me sliding on the hurried slope
          which feeds the grave

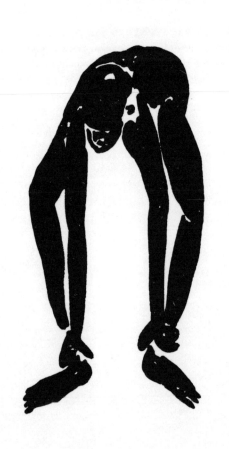

AU RENDEZ-VOUS DES MARINIERS

Il se peut bien, Félicienne, que je m'envole.
Ce cendrier, il se peut aussi que je vous le vole.
Si me voyez volant comme anse de panier,
Ne prévenez aucun des braves mariniers:
Juste le temps que je revienne et que je parte
Avec l'éventail écossais du jeu de cartes.

RENDEZVOUS WITH SAILORS

It could be Félicienne that I'll disappear.
I may steal this ashtray from you.
If you see me describing a half-ellipse,
don't spread the word to our sailor-group.
I'll be back in the time it takes to leave
with a tartan fan of playing cards.

MIRACLES

Dans votre ville d'eaux, est-il vrai, Sainte Vierge,
Que vous apparaissez aux borgnes, aux boiteux?
Des matelots bretons vous virent dans les vergues,
Ce n'est pas moi qui le raconte, ce sont eux.
Vous aviez, dirent-ils, costume d'hirondelle
Sur fond myosotis, sur papier de dentelle:
Au cri du goéland ressemblait votre cri
Quand vous disparaissiez, laissant leur nom écrit.

MIRACLES

Is it true, in your spa town, our Lady,
that you appear to the one-eyed, the lame?
Some Breton sailors saw you in the yards,
and told me of it, not using your name;
and claimed you had a swallow's costume
on a forget-me-not background on lace-paper:
your cry resembled that of a seagull's
when you disappeared, leaving their name written.

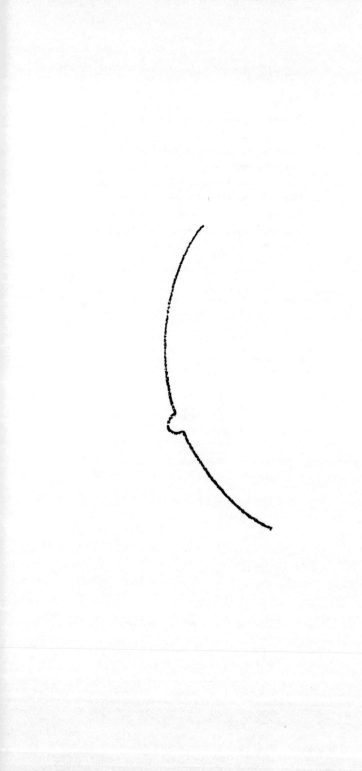

CLAIR DE LUNE

Chaque moitié du cœur forte en géographie
Montre le relief de ses départements.
Lune par le soleil prise en photographie,
Vous êtes le sujet de mon étonnement.
Endymion fut-il oui ou non votre amant?
Comme l'épingle absurde est folle de l'aimant,
Comme le révolver la tempe terrifie,
Comme rêve tout haut la Belle-au-bois-dormant,
Je compte jusqu'à trois avant de dormir: Une,
Deux, trois. Endymion décourage la lune.

MOONLIGHT

Each geographical half of the heart
reveals its components in relief.
The moon as it's photographed by the sun
is an illuminating study.
Endymion was or wasn't your lover?
As the pin predictably flies to the magnet,
as the revolver terrifies the temple,
and as the sleeping beauty dreams out loud,
I count up to three before sleeping. One,
two, three. Endymion cold-shoulders the moon.

LES OISEAUX SONT EN NEIGE

Les oiseaux sont en neige et ils changent de sexe.
Une robe de chambre a trompé nos parents
Et le frivole amour dont Élise se vexe.
Rébus des papillons, vous m'êtes transparents.

Je te connais, beau masque, et saute sur ta croupe
D'épouvantail naïf qu'une flûte charmait.
On voit dans les romans lus par l'enfant de troupe
Les cerisiers en fleurs, drapeaux du mois de mai.

Lit, folle bergerie, écume Louis Seize,
Notre épitaphe est faite en graines de pavot;
Son souvenir, images debout sur la braise,
D'un tendre madrigal compose un deuil nouveau.

Comme le traîneau russe illumine les louves,
À l'envers, à l'endroit, Narcisse, ton hymen
Inhumain, est-ce un crime après tout? se retrouve,
Trésor de l'onde froide où se lave ta main.

THE BIRDS ARE MADE OF SNOW

The birds are made of snow and they change sex.
A dressing gown has deceived our parents
and the casual love which upsets Elise.
Rebus of butterflies, I find you transparent.

Beautiful mask, I know you, and leap on your naive
scarecrow's sex that a flute could charm.
In the novels read by a soldier-boy
one finds flowering cherry trees. Bright flags that alarm.

Bed, mad sheepfold, Louis XVI foam,
our epitaph is made of poppy seeds;
its memory, images standing on embers
of a quiet madrigal sounding a new grief.

As a Russian sleigh illuminates she-wolves,
on the wrong side, the right side, Narcissus, your last stand
marriage – is it a crime after all? – retrieves
treasure in the cold water where you wash your hand.

LA CABANE ABANDONNÉE

L'écriture des églantines
Est un vrai fantôme grivois,
Hirondelles sont tes bottines
Annonçant l'orage. Les voix
(Rires et rondes enfantines)
Doivent sortir d'un appareil
À celui de Jeanne pareil.

Souvent l'indiscret photographe
Sous un jupon voit le soleil.
Cœur tu savais mal l'orthographe,
Mais l'ancre dénonce un marin,
Et sa vague sur ce terrain
Vague, te baptisa. Parrain,
Recopiez-nous l'épitaphe.

THE ABANDONED HUT

The tracery of dog roses
is a truly mischievous ghost,
your boots are swallows
announcing thunder. The voices,
laughter and children's dances
must be coming from a camera
similar to Jeanne's.

Often, the indiscreet photographer
tented under a skirt sees the sun.
My love, you couldn't even spell,
but the anchor reveals a sailor,
and the wave tattooed on your shoulder
identified you. Godfather,
recopy the epitaph for us.

HOTEL OF LOVE

HÔTEL DE FRANCE ET DE LA POÉSIE

Arbre, bocal d'oiseaux, feu de bengale
entre les îles!
Le soleil fait chanter les tramways dans la ville.
Le ciel est un marin assis sur les maisons.

    En soi-même noyé Narcisse,
    N'aime pas les glaces d'hiver.
    Les Anglais écrivent des vers
    Comme il leur pousse du gazon;
    Souvent nagent mieux que narcisses
    Entre deux eaux, entre deux draps;
    Et le cygne qui dort le menton sur son bras
    Plus blanc que la neige de Suisse.

Flamme, petit poisson rouge du lampion.
Orchestre par dessous, le vent venu des îles,
Met le feu, aussitôt de terribles lions
Sortent, qui se cachaient dans le bocal fragile.

L'arbre et l'aérostat se dépassent chacun;
Alors le carnaval des pompiers fend la foule.
Parfois une maison, une rose s'écroulent,
En soulevant une colonne de parfum.

Mon cœur tourne à l'envers du vôtre, c'est la vie.
Ce manège fait mal au cœur. Oh! que j'ai mal.

L'âme de votre fils va vous être ravie
Jeune mère, si Tong l'enferme dans la malle.

HÔTEL DE FRANCE AND POETRY

Tree, bird-bowl, Bengal light
between the islands.
The sun makes the city's tramways sing.
The sky's a sailor perched on the rooftops.

   Narcissus, drowned within himself,
   doesn't like the winter ice.
   The English write verse
   compact as the growth of their lawns;
   often their swimming blazes like dragonflies
   between two waters and two sheets;
   and the swan that sleeps with its chin on its arm
   is whiter than Swiss snow.

Flame, little goldfish of the Chinese lantern.
The orchestra's below, and a wind off the islands
catches fire, bringing out redoubtable lions
hidden in that fragile bowl.

The tree and the aerostat overtake each other,
as a carnival of firemen force through the crowd.
Sometimes a house, a rose collapses,
in a swirling column of perfume.

It's true my heart moves contrary to yours.
The carousel induces vertigo. I'm sick.

They'll spirit your son's soul away from you
young mother, if Tong shuts himself in the trunk.

Le fils que l'éventail fait revoir à sa mère
Et que l'aide chinois ramène à son fauteuil
Ne parle plus jamais . . . Il périra en mer.

Dans le théâtre, un arbre avec toutes ses feuilles;
L'arbre dormait debout, couronné d'émeraude.

Lâchez tout!
Gambetta part en ballon captif.

Montgolfière d'amour, monte dans la nuit chaude;
Les étoiles, chacune indique les récifs.

Vieux ascenseurs fanés dont se penche la tige,
D'être ailleurs étendu, toute l'âme à l'envers,
Le décapité voit un drôle d'univers;
Son corps, en un clin d'œil, succombe à ce vertige.

Irai-je en un miroir où nous recommençons,
Engloutir le poitrail fabuleux du quadrige
De cuirassiers mourant parmi les écussons?

Il est des jours, la mer, pour enjôler le mousse.
Lui découvre ses lits, agite ses dessous,
Débouche bruyamment un champagne qui mousse,
Mauvais livre de poche acheté quatre sous.
(Ses yeux, demain, feront sourire l'équipage)

Ballon, bocal d'oiseaux légers pris au filet.

The fan reveals the son to his mother
while the Chinese assistant
reconducts him to an armchair, without
a word . . . he'll die at sea

In the theatre, a tree in full leaf
asleep on its feet, crowned with emeralds.

Abandon everything!
Gambetta's leaving in a captive balloon.

Love balloons, climb in the warm night;
each star in its pointing defines a reef.

Old faded lifts, shafts bent from their axes,
the headless man, his soul upside down,
sees a distorted universe;
his body in a split-second flash knows vertigo.

Shall I enter a mirror where we start again,
and devour the fabulous breast of the quadriga
of cuirassiers dying among the shields?

Sometimes the sea reveals its beds
to the cabin-boy, disclosures of depths,
noisily uncorks a lively champagne,
bad pocket-book bought for a song.
(Tomorrow her eyes will incite the crew)

Balloon, bowl of light, birds snared in a net.

Le manège à vapeur enroule son voyage;
    On ne monte plus: C'EST COMPLET.

    Voici qu'on dépose l'actrice
    Et son ventriloque inhumain;
    Pour cacher quelque cicatrice
    Elle effeuille ses vieilles mains.
    Une Anglaise qui l'avait prise
    Pour Venise, part pour Venise;
    Elle se suicide en chemin.

    Adieu, bocal, vélocipèdes,
    Fantômes de visage en feu;
    La nuit n'a pas assez d'éloges
    Pour le palais du mal de mer;
    Ses opéras d'or et ses loges
    Roulent sur les vagues de l'air.

    Au milieu chante la sirène
    À cheval. Son visage vert
    Est transparent comme le verre,
    Sa robe en velours rouge traîne
    Dans les moulures de la mer.

    Parfois on la voit à l'envers
    Si elle plonge les mains jointes,
    Car les sirènes sont des saintes.

    D'autres sirènes ont des ailes
    Et des becs de chauve-souris;
    D'autres nagent sous des ombrelles
    Et on meurt si elles sourient.

The peripatetic stream winds its course;
No more passengers: FULL.

Now they drop the actress
and her inhuman ventriloquist;
she plucks off her old hands
rather than show a scar.
An English woman who had taken
her for Venice leaves for Venice;
a suicide en route.

It's goodbye to the bowl and cycles,
ghosts of burning cheeks;
the night lacks a eulogy
for the sea-sickness palace;
its golden operas and boxes
roll on the air-waves.

In the middle the siren sings
on horseback. Her green face
has the transparency of glass,
her red velvet dress trails
in ruchings of the sea.

Sometimes, she can be seen upside down
if she dives with clasped hands,
for sirens are most often saints.

Other sirens have the wings
and nose-buds of a bat;
some swim under jellyfish.
Death's the penalty if they smile.

Perle, perles, je vous rapporte
Du fond des miroirs machinés;
Jeunesse, épave des mers mortes,
Miroirs déformants de l'amour
Où chacun cherche à se puiser;

Une femme, une aérogyne,
En nous envoyant des baisers
Faisait de gracieux mensonges;

Elle a découvert la machine
Qui permet de voler en songe.

C'était simple comme bonjour.

Pearl, pearls, I'm retrieving you
from the back of false mirrors;
youth, wreck of the dead seas,
distorting mirrors of love
in which each tries to draw himself;

a woman, an aeronaut,
blowing us kisses,
expounded the most charming lies;

she has discovered the machine
which permits one to fly in a dream.

It was as easy as ABC.

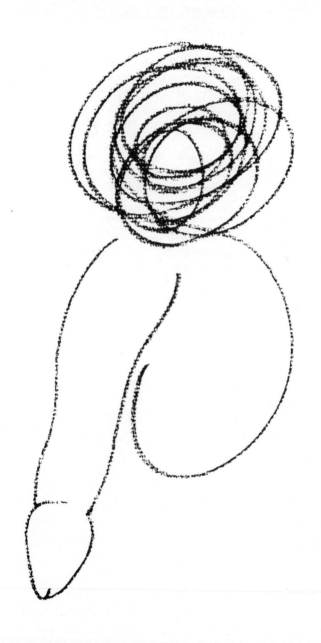

LE BON ÉLÈVE ET
L'APPRENTI

La beauté prise au ralenti,
L'accélération des roses,
L'ange devenu tout petit
Sont du ciel la moindre des choses.
(De la mort je suis l'apprenti)

Cyclistes vos mollets d'eau douce
Vos cuisses coulent sans secousse:
Chaque tour change le décor;

Du sommeil je suis bon élève.
Ne réveillez pas Dieu, il dort
Profondément, c'est moi son rêve . . .
Le réveiller serait ma mort.

THE GOOD PUPIL AND THE APPRENTICE

Beauty observed in slow motion,
the acceleration of roses,
the angel become diminutive
are the least of things in the sky.
I am apprenticed to death.

Cyclists, your fluid calves
and smoothly running thighs
change the scene with each pedal-spin.

Summer finds me elevated.
Don't wake God, he sleeps
deeply: I am his dream.
Waking him would be my death.

À MINERVE

Si de Minerve la fleur est une lance
Appuyée à son front pas doux,
Il faut saluer bas sa bienveillance
Pour les guerriers confondus sans courroux.
De ces luttes où ne préside point la haine,
Elle porte l'écharpe de couleur,
Et les écoute comme les belles d'Henri Heine,
À la fenêtre, entre les pots de fleurs.

TO MINERVA

If Minerva's flower is a spear
resting against her plated forehead
one must bow that her benevolence extends
to confused soldiers lacking the instinct to kill.
She carries a coloured banner
for such neutral combatants,
and listens to them at the window between
flowerpots like one of Heine's beautiful women.

À LA MÉMOIRE DE
CLAUDE DEBUSSY

Les vagues, les feuilles, le vent
Et autres bêtes sans visage
T'aiment, charmeur de paysages,
Et te savent toujours vivant.

Une Reine-Claude se tue
Sa blessure saigne de l'or
Marbre n'écrase pas ce mort
Dont un nuage est la statue.

IN MEMORY OF
CLAUDE DEBUSSY

The waves, the leaves, the wind
and other faceless creatures
love you, and know you're still alive,
conjurer of landscapes.

A greengage immolates itself,
its gash bleeds gold;
marble won't weigh on this man
whose statue is a cloud.

L'INVITATION À LA MORT

Premier vol avec Garros;
appel de la terre.

INVITATION TO DEATH

First flight with Garros;
call of the earth.

Un combat de pigeons glacés en pleine figure
offerte à vos gifles drapeaux

Le   gel   qui   gante

            Aquarium océanique
Aspergé d'huile je suffoque
au bain marin
qui s'engouffre dans les narines
froide opulence
d'eau de mer

Péril de chute

            La brèche
            de nausée

      à gauche

tente l'épaule

hâlé
humé
mon corps interne se pelotonne
autour du cœur

Pente infinie

A fight of frozen pigeons full in the face
offered to your wind-slapped flags

The   frost   which   gloves

          Oceanic aquarium
Sprayed with oil I suffocate
in a marine bath
which pours into my nostrils
cold opulence
of sea-water

Fear of falling

          The gap
          of nausea

     to the left

     tempts the shoulder

suntanned
inhaled
my inner body winds into a ball
around my heart

Infinite slope

Vallonnements   Houle   on recule

Un roi des aulnes
entre ses paumes
il masse il   caresse   mon   cœur
Les sirènes silencieuses
dans la poitrine du pilote
enflent leur chanson aiguë

> *Le vol croissant signalé*
> *par les seuls viscères*
> *l'appareil se hissait*
> *à rien*
> *par flaques   de hauteur*

Comme poissons
muette cohue
autour d'une mie de pain fourmillent
luttant du mufle

comme
autour d'une table tournante
les morts stupides se bousculent
les nuages charmés
par l'hélice

> *vers nous*
> *leur troupeau déambulait*
> *houleusement*

Undulations   Swell   one recedes

An erl-king
between his palms
massages   caresses   my   heart
The silent sirens
in the pilot's chest
increase their high-pitched song

     The rising flight signalled
     by reverberations, the aircraft
     lifted
     to nowhere
     through pools   of height

Like fish
mute crowd
swarming to mob a breadcrumb
fighting to muffle

as
around a turntable
the senseless dead jostle each other
the clouds charmed
by propellers

        towards us
        their troop was ambling
           turbulently

La course inverse d'un oiseau
te fait constater ta vitesse

Alors

dans ce cyclone
si tu veux toucher l'épaule du pilote

une refale

et ton geste mort s'attarde
    scaphandrier qui pioche
   au fond de l'eau

       Petites routes
        petites forêts
        petite ferme
      petit quoi? lac
      est-ce un lac cela
       miroite
        c'est un
        lac

The reverse flight of a bird
makes you assess your speed

Then

in this cyclone
if you wish to touch the pilot's shoulders

a gust

and your dead gesture lingers
                    diver who digs
           at the bottom of the sea

                              Little roads
                                little forests
                               little farm
                      little what? lake
                      is it a lake it
                         shimmers
                               it is a
                               lake

La roue
une patte inerte pliée
tourne
caoutchouc bleu
énorme doucement
seule en relief sur les plaines

La libellule au mufle d'ébonite
chassant des copeaux de ciel
saccage la piste cube

Monte
où plus rien du sol ne gagne

le soleil y miroite à la surface des ténèbres
comme à la surface de la mer
et les poumons s'emplissent
du froid propre
d'éternité

Chute

une ébauche d'agonie

The wheel
an inert folded paw
rotates
huge blue rubber
quietly
alone in relief on the plains

The dragonfly with an ebonite nose
pursuing the sky-shavings
devastates the cubic trail

Rise
to a point of no contact with the earth

the sun sparkles at the level of cloud-haze
as on the sea's surface
and the lungs fill
with the clean cold
of eternity

Fall

in a death-agony

aussitôt
la chute inverse
fauche mollement
l'estomac

immediately
the reverse fall
vertiginously upends
the stomach

Péninsule
de hauteur

Prisonnier sur parole de la terre
à quatre mille de hauteur
à l'infini de profondeur

Un cerf-volant de ton enfance
soudain sans fil tu t'émancipes
assis dessus

De ta main d'ours Garros
alors
tu me signales quelque chose

et je me suis penché au bord du gouffre
et j'ai vu Paris sur la terre

et plus humble ma ville
à sa mesure
déserte d'hommes
faible   seule   sa   Seine en jade
et plus je la regardais décroître
et plus je sentais croître mon triste amour

Car celui-là qui s'éloigne de ce qu'il aime
pour détruire son triste amour
la figure de ce qu'il aime
s'isole se dépouille
cache le reste

Pensinsula
of height

Prisoner on earthly parole
at a height of four thousand metres
at the infinite zero

A kite from your childhood
suddenly without thread you free yourself
sitting on it

With your ursine hand Garros
then
you point out something to me

and I bend over the edge of the abyss
and I see Paris below

and my city humbler
in its scale
deserted
vulnerable   alone   its jade coloured Seine
and the more I watch it diminish
the greater my sad love grows

For who goes away from what he loves
to destroy his sad love
and its figure
isolates himself divests himself
hides the rest

et davantage le tourmente

et celui-là qui monte
s'il se penche
et voit les pauvres lieux du monde
baisse la tête
et souhaite revenir à sa prison

Un univers nouveau
                              chavire

roule des spasmes de nuit verte
étouffe le noyé buveur
ivre de mort limpide

J'embarque à fond de cale
un paquet de ciel froid

Une pâle géographie

L'alcool des atmosphères
où la maison
devient énorme
avec aisance

and increases his torment

and he who ascends
if he bends
and sees the poor places of the world
lowers his head
and wishes to return to his prison

A new universe
                        capsizes

rolls spasms of green night
suffocates the drowning drinker
intoxicated with limpid death

I embark in the hold
a parcel of cold sky

A pale geography

The alcohol of atmospheres
where the house
becomes huge
with facility

et rapetisse vite

Herbier de paysages vides

Faudra-t-il
redescendre
où subsiste un fléau fabuleux de Genèse

Les Sodome les Gomorrhe
du fond visibles aux nageurs
de la mer morte
à dessous

Le fleuve même   pétrifié
coupe net en deux la lune

Lorsque nous atterrîmes
je crus que nous volions encore à deux mille mètres
ô surprise

car pour une forêt profonde je prenais

les bruyères de la prairie

and as rapidly shrinks

Herbarium of empty landscapes

Must one
go down again
to what remains of the fabulous plague of Genesis

Sodom and Gomorrah
visible on the bottom to swimmers
in the dead sea

The river itself   petrified
cut neatly in two the moon

When we landed
I thought we were still flying at two thousand metres
o surprise

that I take for a deep forest

the meadow heather

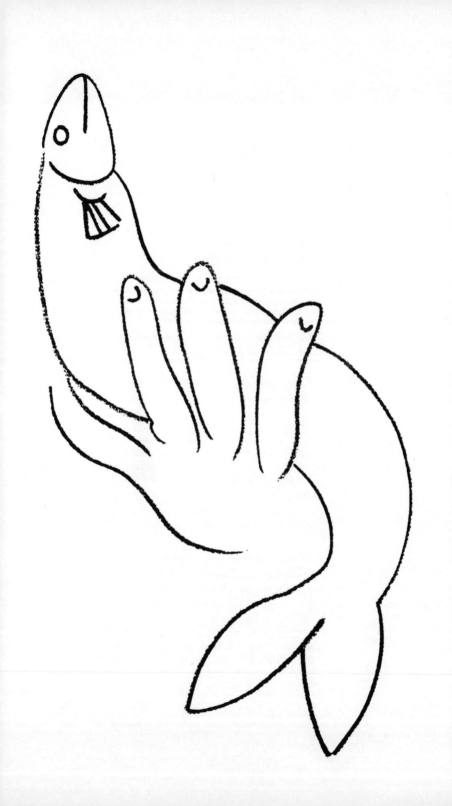

LES HANGARS

Les hangars de Billancourt
où se construisent les
aéroplanes

Far West   *Texas*   *la Prairie*
ranchos
districts   *cités de planches*
une jeunesse de fantômes
sous le ciel de Billancourt

ALDA   *ALDA*   *la véranda*
Les dirigeables paissent le gaz
dans les parcs aérostatiques
Garçons jupés de chèvre   *ils dansent*
Les feutres les gants crispins

Le mouchoir autour de cou
doit être rouge

Valse de croupes   *Demi-tour*
   feu!   *feu!*   *feu!*

On pendait le voleur de chevaux à un eucalyptus
de la Cordillère des Andes

allo! allo! Post office?

Le laid Antinoüs à son comptoir de zinc
débite le gin   *atout*   *bas les vestes*
La rixe entre les chercheurs d'or

MON CHER DURKE
LE CHEF DES INDIENS REFUSE DE CÉDER SON PATRI-
MOINE À N'IMPORTE QUEL PRIX. JE DONNE L'ORDRE DE
POURSUIVRE LES TRAVAUX. ON NE PEUT INTERROMPRE

THE HANGARS

The hangars of Billancourt
in which aeroplanes are built

Far West   Texas   the Prairies
ranchos
districts   wooden cities
a ghostly youth
under the sky of Billancourt

ALDA   ALDA   the veranda
The airships graze the gas
in the aerostatic parks
boys in leather skirts   dance
felt hats gauntlets

The handkerchief around the neck
has to be red

An assing waltz   About turn
   fire!   fire!   fire!

One hanged the horse-thief on a eucalyptus
in the Andean Cordillera

Hello! Hello! Post office?

The ugly Antinous at his zinc counter
rings up gin   trumps   jackets off
A skirmish between gold-prospectors

        MY DEAR DURKE
    THE INDIAN CHIEF REFUSES TO GIVE UP HIS IN-
HERITANCE AT ANY PRICE. I HAVE GIVEN ORDERS TO
PURSUE THE WORK. YOU CAN'T INTERRUPT A RAILWAY

UNE LIGNE DE CHEMIN DE FER POUR UNE OPPOSITION
STUPIDE. JE VIENDRAI DIMANCHE À LA FERME.
         VOTRE ONCLE

                                        WILSON

Programme périmé
La machine Underwood très douce
Détective
hop   en selle
et forte au revolver
la téléphoniste de Los Angelès
ressuscite
un vieux galop

Les Indiens sur leurs petits poneys

Locomotive 1203

Maud épouse le cow boy

la géante rougit d'un beau sang noir
une palissade ingénue de cils charbonne
au plâtre superbe des joues
couple de plus en plus fantôme
jusqu'à cet écusson de foudres

       AMERICAN VITAGRAPH

An out-of-date programme
The smooth-running Underwood machine
Detective
loads   in the saddle
the Los Angeles telephonist
revives
an old gallop

The Indians on their little ponies

Locomotive 1203

Maud marries the cowboy

the giantess reddens with rich black blood
an ingenious fence of eyelashes blacken
the superb plaster of her cheeks
couple more and more phantasma
until this lightning insignia

AMERICAN VITAGRAPH

Billancourt   ciel de Billancourt

Das le premier hangar
les os   les pennes   les tubulures
rouages
des chérubins
la forge chaude

              une apparence de mains d'hommes

le moteur gèle
sa ruche blanche

Dans le second hangar
on agglutine
la toile mauve
jeux   scie   varlope   ripolin
yoles   pirogues
les numéros au pochoir
              vous n'avez qu'à suivre à droite

Dans le troisième hangar
on ajuste les pièces
pour le carnaval debout sur les chars
où cahotent repliés
les papillons de la féerie

FIAT   banlieue aux membres grêles

Billancourt   sky over Billancourt

In the first hangar
bones   pinions   piping
cog-wheels
of cherubim
the glowing forge

                    an appearance of men's hands

the engine freezes
its white ruff

In the second hangar
one sticks together
the mauve canvas
games   saw   plane   enamel-paint
skiffs   canoes
stencilled numbers
                    all you have to do is turn right

                                          ☛

In the third hangar
one adjusts spare parts
for the carnival standing on floats
where the folded
extravagant butterflies jolt

FIAT   suburb of spindly limbs

GRÉCO

Puis-je, grenouille morte, en l'eau vous trouver laide,
Semblable aux jeunes gens du peintre de Tolède,
Ainsi leur jambe flotte et leurs doigts écartés.

Les nuages de linge et d'électricité,
Bâtissent les maisons, les rocs de leur cité.
Ils attirent la foudre, ils appellent à l'aide.

Morte vue à l'envers et de tous les côtés.

GRECO

Dead frog in the water, can I find you ugly,
like the youths depicted by the Toledo painter,
their legs fluttery, toes open.

Clouds of linen and electricity
build the houses, the rocks of their city.
They attract lightning and call for help.

Dead woman seen from all sides, the wrong way round.

LE SECRET DU BLEU

Le secret du bleu est bien gardé. Le bleu arrive de là-bas. En route, il durcit et se change en montagne. Le cigale y travaille. Les oiseaux y travaillent. En réalité, on ne sait rien. On parle du bleu de Prusse. À Naples, la Sainte-Vierge reste dans les trous des murs quand le ciel se retire.

Mais ici tout est mystère. Mystère le saphir, mystère la Sainte-Vierge, mystère le siphon, mystère le col du matelot mystère les rayons bleus qui rendent aveugle et ton œil bleu qui traverse mon cœur.

THE SECRET OF BLUE

The secret of blue is well kept. Blue comes from far away. On its way, it hardens and changes into a mountain. The cicada works at it. The birds assist. In reality, one doesn't know. One speaks of Prussian blue. In Naples, the virgin stays in the cracks of walls when the sky recedes.

But it's all a mystery. The mystery of sapphire, mystery of Sainte Vierge, mystery of the siphon, mystery of the sailor's collar, mystery of the blue rays that blind and your blue eye which goes through my heart.

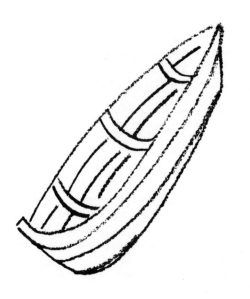

DÉSESPOIR DU NORD

Ce soir je chante, fécond pour moi, cygne.
Un bateau d'enfant. Ophélie au fil
De l'eau. Bats le lit, ô fée
Méchante. Une aubade.

Rien que l'aérostat, cible soutenue
Par les anges de l'église:
Paysage invisible à l'œil nu
Si tu changes de fauteuil, aérien visage.

Le mollet, dur nuage en perspective
Fausse du périscope, et le ballet de Faust
Où la soucoupe s'envolait: Péri
De l'hallali du littoral.

Accepte d'un fumeur la bague d'ombre
Et le sceptre. S'il meurt, vécûmes.
Dans le housse d'algues et d'ambre
Où l'on écume les heures.

C'est mon corps ouvert en deux qui parle.
Versez encore ce vin ignoble
D'eux, les vignobles qui décorent
La véranda en perles de verre, et les douves.

Debout! écorché vif, nuit des caves,
Où le soleil de la mer casse
Les bouteilles. Avoue.

DESPAIR OF THE NORTH

This evening I sing, richly for me, swan.
A child's boat. Ophelia drifts away
on the stream. Beat the bed, o wicked
fairy. An aubade.

Nothing but an aerostat, stationed there
by the church angels:
a landscape invisible to the naked eye
if you change the armchair, aerial face.

The calf's curve, hard cloud in the periscope's
false perspective, and the Faust ballet
where the saucer took flight: victim
killed by death-chants off the coast.

Accept from one who smokes a shadow ring
and a sceptre. If he dies, we have lived.
In the film of seaweed and amber
one cleans out the hours.

It's my body cut in two which speaks.
Pour out again this bad wine
from vineyards that decorate
the veranda with glass pearls, and staves:

Stand up! tormented victim, cellar-night
where the sun on the sea cracks open
bottles. Confess.

Ce soir je chante une aubade. O fée
Méchante, invisible à l'œil nu
Du littoral. Accepte la housse
D'ombre et le vin écorché vif.

Un bateau d'enfant, paysage
De périscope. Les heures,
C'est mon corps debout: nuit des caves.

Je suis seul dans un autre monde
Que moi, sans armes, fontaines.
La haute Suisse au mois de mai s'incline,
C'est la fonte des larmes.

L'ange qui fait un scandale dont
Il ne se rend pas compte, enjambe
La colline de Pâques,
Les langes sur les bancs, les muguets.

C'est aussi l'ange échevelé en chemise,
Voilier qui sombre. Voilà. À
Qui sont ces hanches d'aurore?

Sur les socs d'incendie, mars
Colore les joues. Coq d'Arles,
Feu! L'ange au col de merle,
Sa crête en loques.

This evening I sing an aubade. O wicked
fairy, invisible to the naked eye
from the coast, accept a shadow
cover and the volatile wine.

A child's boat, a periscoped
landscape. Time:
it is my body standing: cellar-dark.

☆

I am alone in another world
that's alien, vulnerable, fountains.
The Swiss heights incline to the month of May;
a time when tears thaw.

The angel who unconsciously makes
a scandal, spans
the Easter hill.
Swaddling clothes on the bench, lily of the valley.

It's also the angel in a dishevelled shirt,
sail-boat which founders. That's it.
Whose are these auroral haunches?

On the fiery ploughshares, March
colours the cheeks. Cock of Arles,
fire! The angel with a blackbird's throat
shows a tattered crest.

Dans ma main, d'astres les ramures,
Démasquent l'abri du berger
Des Landes; le lendemain,
Le mur des Indes.

Les chiens qui font lever la nuit
Me font lever la nuit. Entends-tu Vénus?
Les coqs chantent. La nuit les coqs tuent.
L'âne lèche ce qui va naître: les champs,
Le fond des bois.

Fontaines de mai, les muguets d'aurore
En chemise, sur les socs d'incendie.
Berger, les coqs des Landes chantent.
Vénus va naître.

Je suis seul, sans armes, colline de Pâques.
Voilà mars, le mur des Indes,
Le fond des bois qui me tuent.

In my hand, antlered stars
uncover the shepherd's shelter
in Les Landes; tomorrow
the wall of India.

The dogs which raise the night
have me do the same. Do you hear Venus?
The cocks create. At night the cocks kill.
The ass licks the one who's to be born: the fields,
the dark of the woods.

May fountains, dawn lily-of-the-valley
in blouses, on the fiery ploughshares.
Shepherd, the cocks of Les Landes scream.
Venus is about to appear.

I am alone, defenceless, Easter hill.
There is March, the wall of India,
the depth of the woods which kill me.

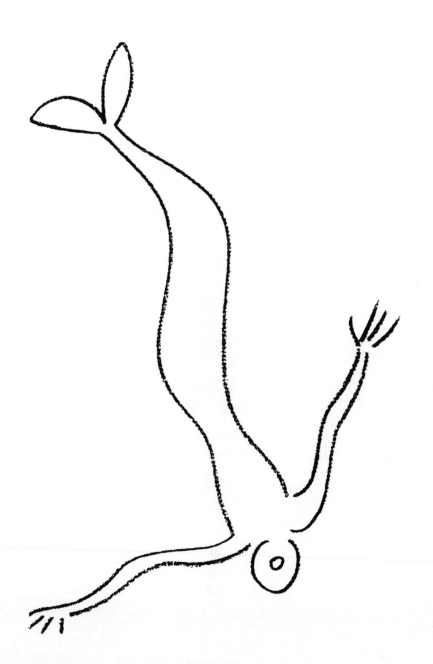

MALÉDICTION AU LAURIER

Tu écartes dans tous les sens tes branches,
Soleil du soir, cerisier en fleurs.

Voici de Mars en nous   que déferlent
Embruns d'amour inconnus sur les dunes.

Ici ne furent semés qu'hommes bleus
Qui, soudain, poussent jusqu'au ciel.

Ici les vergers   ne peuvent pas naître.
Le sol est un ours gourmand d'ignoble miel.

Mais ailleurs, je sais que le printemps naît
Comme Vénus, des vagues de la terre.

Aidé par les chiens, le laitier, l'angélus,
Par les coqs rempailleurs de cris, par la forge,

Par la rumeur en détail d'un village à des kilomètres,
Par moi, Vénus, qui me meurs.

Je sens avec délice en moi les folles bulles
D'où tu jaillis comme un bouchon d'or,

Vénus! debout sur la mer: feu grégeois,
Char des marins au carnaval de Nice.

Que pourrait-il sortir de notre mer morte?
Les arbres d'ici sont des épouvantails.

Maintenant le soleil est dans   la mer du Nord.
Il ne reste que les projecteurs de la côte.

MALEDICTION TO THE LAUREL

You radiate your branches everywhere,
evening sun, cherry tree in flower.

When March arrives there breaks in all of us
an elusive sea spray of love on the dunes.

Here they only sow the blue men
who, suddenly, grow up tall as the sky.

Here the orchards never flower.
The earth is a bear greedy for worthless honey.

But, somewhere else, I know that spring is born
like Venus, from the waves to the earth.

Assisted by dogs, the milkman, the angelus,
by the cocks' boisterous cries, by the forge,

by the detailed rumour from a village kilometres away,
by me, Venus, who is dying.

Deliciously I feel your mad bubbles
as you flow gushingly from a gold cork,

Venus standing on the sea: Greek fire,
and the sailors' float at the Nice Carnival.

What can be extracted from our dead sea?
The trees here are scarecrows.

Now the sun is on the North Sea.
There only remain lights around the coast.

Ces projecteurs aveugles font des gestes
D'automate, tâtant les angles d'un plafond.

Il ne reste plus que du froid carré,
Que cette fusillade leste,

Que ces garçons   français et allemands, statues
Face à face, cassées par des secousses,

Que ce laurier de gloire qui pousse
Sans joie, uniquement nourri de marbre.

Laurier inhumain, que la foudre
D'Avril te tue.

These blind beacons make automatic
gestures, feeling the angles of a ceiling.

And all that is left is this cold square,
this agile fusillade,

French and German boys, statues
face to face, broken by jolts,

and this glorious laurel which grows
without joy, uniquely nourished by marble.

Inhuman laurel, may April
lightning blast you.

Ma mère, c'était bien elle (assez bien elle)
avec un tablier bordé de   velours noir
et un petit lézard de diamants à son corsage.

Elle me dit: Je viens par le tunnel du rêve.
J'ai voulu entendre le canon avec toi.
Cette nuit il y aura une attaque.
Je répondais: mais non, mais non.
Alors, elle s'assit près de moi,
elle posa ses mains sur moi,
et elle était d'une tristesse immense.

Elle me dit: Tu sais, ton frère a son brevet de pilote.
Aussitôt,
j'eus douze ans à la campagne.
Après dîner, dehors, mon camarade
Charles dit: Il paraît
que des Américains volent.
Ma mère sourit en cousant.
Mon frère, toujours incrédule.

Et   Charles dit: Je serai mort.
Il y aura une grande guerre.

Paul qui fume sous ce chêne,
volera et jettera
des bombes la nuit sur des villes.
Sur vos villes, fräulein Joséphine.

Je me réveille. Mon bras
tué s'emplit d'eau gazeuse.
Quelle heure est-il? a-t-on dîné?
Le lieutenant me lance un coussin à la tête.

My mother, it was her all right
with an apron bordered with black velvet
and a little diamond lizard on her blouse.

She said to me: I came by a dream tunnel.
I wanted to hear the cannon with you.
Tonight there will be an attack.
I replied: You mustn't think that.
Then she sat down next to me,
she placed her hands on me
and she was huge with her sadness.

She said to me: You know your brother has his pilot's
                                    certificate.
Immediately,
I was twelve years old in the countryside.
After dinner, outside, my friend
Charles told me: They say
the Americans fly.
My mother laughed while sewing.
My brother, always incredulous.

And Charles said: I will be dead.
There will be a great war.

Paul who smokes under this oak
will fly and drop
bombs at night on cities.
On your cities, Fräulein Joséphine.

I wake up. My dead
arm fills with gaseous water.
What time is it? Have they dined?
The lieutenant throws a cushion at my head.

Couche-toi donc, tu dors debout.
Je ne dors pas. Et je m'accroche
à la barque. J'entends des rires.

Mais une lame de fond m'emporte
habilement
dans les mers mortes.

Alors j'étais avec mon frère en aéroplane.
Nous planions à une extraordinaire hauteur
Nous volions à une extraordinaire hauteur
au-dessus d'un port où allaient et venaient des navires.

Il me dit: Tu vois sur ce bateau
juste au-dessous de nous
maman est dessus. Elle vous cherche.
Elle nous cherchera probablement sur toute la terre.

Why don't you sleep? You sleep on your feet.
I don't sleep. And I hang
on to the boat. I hear laughter.

But a ground swell carries me away
skilfully
in the dead seas.

Then I was with my brother in an aircraft.
We banked at an extraordinary height
we flew at an extraordinary height
above a port with the coming and going of fleets.

He said to me: You see on this ship
just beneath us
mother is there. She is following us.
She will probably look for us all over the world.

La cave est basse, on y arrive
comme dans un bar d'hôtel.
Les piliers de fonte soutiennent
un matelas de couches d'air
et de ciment.
L'acétylène sent l'ail.

Carbousse sent l'acétylène.
À force de lire l'almanach
Hachette il peut répondre à tout.
Atout trèfle !
Usine atroce de soupirs,
noyés roulés dans un naufrage
de couvertures.

Brousset grince des dents en dormant.
C'est le bruit d'un fauteuil d'osier ;
le jour il ne peut plus le faire.
Auguste organise des battues de rats
au revolver d'ordonnance.

Que j'ai sommeil, parmi ces lutteurs
bâillonnés de polypes ; du rêve
plein la bouche ils étouffent.

The cellar is deep: one gets there
as in a hotel bar.
The cast-iron pillars support
a mattress of air-cushions
and cement.
Acetylene smells like garlic.

Carbousse smells of acetylene.
Having read the Hachette
almanac he can answer to everything.
Clubs are trumps!
Atrocious factory of sighs
rolled in a wreck
of blankets.

Brousse clicks his teeth in his sleep.
It is the creak of a willow armchair;
a nocturnal occupation.
Auguste organizes a rat hunt
with a regulation revolver.

I'm so tired among these insomniacs
stifled with polyps; mouths
swollen with dreams, they suffocate.

Ma planche et ma paille. Mon sac
se boutonne sur l'épaule.
Je fais la planche.
Lavabo.

Je dors. Je ne peux pas dormir.
Le sommeil s'arrête au bord, je ne
respire pas pour qu'il entre.
Il hésite le gros oiseau.

Ils dorment tous. Je l'apprivoise.
Ils se sont tous remplis comme un bateau fait eau.
Et soudain, flotte à la dérive,
cette épave de couvertures,
de genoux, de coudes.

Un pied sur mon épaule.
Le major souffle aussi. Plic, plic,
ploc, plic; le lavabo.
Où allons-nous? les obus tombent
sur l'Hôtel de Ville. On habite
sous leur bocage.

La fusillade tape
des coups de trique secs sur
des planches.
Je voudrais tant dormir.
La manille aux enchères
n'arrange pas les choses.

My plank and my straw. My bag
is buttoned to my epaulet.
I float on my back.
Wash-basin.

I sleep. I'm unable to sleep.
The idea of it stops at the edge.
I don't breathe, hoping it might enter.
The huge bird hesitates.

They all sleep. I tame my thoughts.
They take on volume the way a boat leaks.
Then suddenly, drifting to the leeway,
floats this wreck of covers,
of knees, of elbows.

A foot brushes my shoulder.
The major wheezes also. Plic, plic,
ploc, plic: the washbasin.
Where are we going? Shells fall
on the Hôtel de Ville. One lives
under a canopy of shells.

The gunfire raps
with sharp blows on
the planks.
I'm desperate for sleep.
Playing manille doesn't help anything.

Faudra-t-il . . . Bon, le téléphone.
Allô! allô! *VACHE CREVÉE?*
Tout de suite. On y va. Je monte.

Combien la guerre met-elle de temps
à manger une ville? Elle mange
salement, grignote et garde
un détail pour le dessert.
Ainsi, parfois, l'incendie respecte
un rideau de mousseline.

Je traverse le cimetière
des Fusiliers Marins. C'est un brick
d'opium, sans capitaine, à la dérive.
Le mât, les vergues n'existent plus.
Il reste la moitié de l'arbre.
L'équipage a tout fumé; il dort.

Le pont est garni avec ce qu'on trouve à Nieuport:
des chenets, des boutons de porte, des candélabres,
des cales de piano, des briques,
des dessus de cheminée en marbre;
des Sainte-Vierge, des globes
de pendule, des bagues.

Cette nuit, dans les ruines, j'ai entendu
le travail du rossignol.
Qui donc brait, tousse, glousse,
grogne et coasse dans l'arbre
endormi debout au chloroforme?

Will I have to . . . Good, the telephone.
Hello! Hello! A DEAD COW?
Immediately. We're coming. I mount.

How long does it take the war
to eat up a town? It eats
dirtily, nibbles and guards
a scrap for dessert.
As sometimes the fire respects
a muslin curtain.

I cross the cemetery
of Fusiliers Marins. It is an opium
brig, drifting without a captain.
The mast and the yardarms have vanished.
Half a tree remains.
The crew have smoked the lot; they're stoned.

The bridge is decorated with things from Nieuport:
firedogs, doorknobs, candelabras,
piano-wedges, bricks,
marble chimney-tops;
statuettes, globes,
clocks, rings.

Last night in the ruins I heard
a nightingale sing.
Who brays, coughs, chuckles,
snorts and croaks in the tree
is gagged on chloroform while still standing.

C'est le rossignol. Il prépare
son chant d'amour;
et je sens ici, là, non: là,
cette odeur! mais c'est elle!!
c'est la rose!!!

Voilà deux ans que je n'ai pas senti de roses.

Le rosier, viril en boutons,
bientôt féminin, concentre
un explosif d'odeur
qui tue les papillons crédules.

Prépuces frisés de la rose
indécentre dans la chaleur
jadis. Ici je vois,
je vois une rose rouge.

Je vois une rose froide.
Comment l'a-t-on laissée venir là?

Plus farouche que l'hyène,
le corbeau et le vautour;
car, s'ils empruntent leur lustre noir
aux morts sans paix
non ensevelis de la plaine,

elle,
métamorphose en grâce
hypocrite, une funèbre
gourmandise de tombeaux
où paît sa jolie bouche
profonde.

.

It is the nightingale. It prepares
its love-song;
and I smell here, there – no, there . . .
this scent! But it is . . .
it is a rose . . .

For two years I haven't smelt roses.

The rose-bush, masculine in bud,
is soon feminine as it concentrates
an explosive scent
which draws credulous butterflies.

Curly prepuce of the rose
indecent in the heat
long ago. Here I see,
I see a red rose.

I see a cold rose.
Why do they let it grow there?

More ferocious than the hyena,
the crow and the vulture
if they get their black lustre
from the unquiet dead
left unburied on the plain,

it
metamorphoses into hypocritical
grace, a funereal
greed for tombs
where its pretty mouth
grazes.

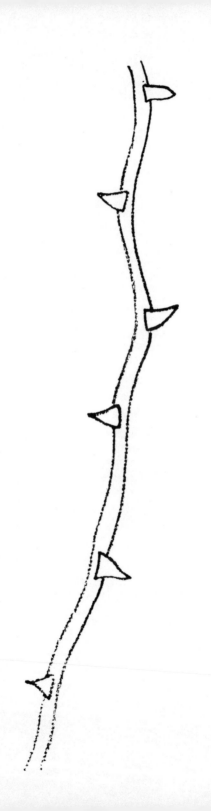